BEI GRIN MACHT SICH IHR WISSEN BEZAHLT

AF140106

- Wir veröffentlichen Ihre Hausarbeit, Bachelor- und Masterarbeit

- Ihr eigenes eBook und Buch - weltweit in allen wichtigen Shops

- Verdienen Sie an jedem Verkauf

Jetzt bei www.GRIN.com hochladen und kostenlos publizieren

Bibliografische Information der Deutschen Nationalbibliothek:

Die Deutsche Bibliothek verzeichnet diese Publikation in der Deutschen National-bibliografie; detaillierte bibliografische Daten sind im Internet über http://dnb.d-nb.de/ abrufbar.

Impressum:

Copyright © 2013 GRIN Verlag, Open Publishing GmbH
Druck und Bindung: Books on Demand GmbH, Norderstedt Germany
ISBN: 978-3-668-15489-6

Dieses Buch bei GRIN:

http://www.grin.com/de/e-book/316605/bodypercussion-wenn-der-koerper-zum-instrument-wird

Isabella Hölzl

Bodypercussion. Wenn der Körper zum Instrument wird

Ursprung, besondere Klang- und Spieloptionen und bekannte Bodypercussion-Künstler

GRIN Verlag

Bodypercussion,...

...wenn der Körper zum Instrument wird.

Inhaltsverzeichnis

Isabella Hölzl   1

Vorwort

Schon als ich in der Volksschule war, machte mir alles Spaß, was mit Musik, Singen, Instrumenten oder Rhythmus zu tun hatte. Und das hat sich bis heute nicht geändert. Ich habe mich schon immer sehr für Rhythmus interessiert, wie zum Beispiel für die „Stomp" Filme, die ich mir in der Hauptschule ansehen konnte. Mich haben diese Szenen in ihrer Kreativität und Leidenschaft wirklich fasziniert. Mein Interesse entwickelte sich dann in der BAKIP noch weiter. Ich fand großen Gefallen am Rhythmikunterricht und wusste schon bald, dass ich mich mit so einem Thema weiter beschäftigen möchte. Am meisten jedoch begeisterte mich das Thema „Bodypercussion". Mir bereitete es immer großen Spaß, neue Rhythmen an meinem Körper zu erlernen und sie gemeinsam mit meinen Kollegen bzw. Freunden durchzuführen. Für mich ist Bodypercussion Rhythmusspaß in der Gruppe, Gemeinschaft und Kommunikation mit Bewegung und auch teilweise mit Stimme. Dazu kommt noch Vergnügen, Entspannung, Lernen und Kunstfertigkeit. Und das ganz ohne Materialaufwand. Meiner Meinung nach ist Bodypercussion eine Einladung zur schöpferischen Arbeit mit Rhythmus und Musik, sie fördert Geschicklichkeit, Mut und Spontanität, schult Aufmerksamkeit und Gedächtnis und stärkt Selbstbewusstsein, Kommunikationsfähigkeit und Fantasie, was weitere Gründe sind, warum ich mich für dieses Thema interessiere. Bodypercussion ist auch überall einsetzbar, in der Freizeit genauso wie in Schulen oder Kindergärten. Diese Qualitäten und Chancen seinen Körper gründlich zu entdecken, sind es meiner Meinung nach wert, Kindern und auch Erwachsenen vermittelt zu werden. In der Arbeit mit Kindergartenkindern bzw. Schulanfängern konnte ich die Offenheit und Begeisterung der Kinder dieses Alters für das Thema erleben. Das war für mich ein weiterer Auslöser und Motivation, mehr über Ursprünge, Vorgehensweisen und verschiedene Arten der Bodypercussion zu erfahren, um fundiert mit anderen Menschen auf Entdeckungsreise gehen zu können. Kinder, zum Beispiel, merken frühzeitig, dass sie Geräusche und Töne produzieren und hören können. Einerseits ist da die Stimme, mit der sich auch spielen und experimentieren lässt, andererseits lassen sich mit Händen und Füßen diese Effekte verstärken. Kinder entdecken auf diese Weise, dass sie selbst „Musik" machen können, und das hat mich inspiriert. Man kann sogar mit Klatschen wesentlich mehr machen, als man glaubt, weil es einerseits eine Form der Selbstberührung, als auch der Selbstaktivierung ist. Klatschen macht die Hände warm und macht munter und man kann es mit allem

Möglichen verbinden. Es gibt ja sogar verschiedene Klatscharten, wovon ich auch lange nicht gewusst habe. Ich habe auch im Fernsehen schon öfter Leute gesehen, die Bodypercussion professionell machen und mich fasziniert einfach dieses Rhythmusgefühl und die Art, wie man mit dem Körper so viele verschiedene Rhythmen und auch Klänge erzeugen kann. Deshalb habe ich mich auch für dieses Thema entschieden, ich möchte mehr über die Entstehung, die verschiedenen Arten, Techniken und Künstler erfahren und lernen. Ein weiteres Kriterium ist für mich die Tatsache, dass bei der Arbeit ohne Hilfsmittel wirklich die Präsenz des Körpers im Mittelpunkt steht und gefragt ist. Ich betrachte dies als eine sehr gute Herausforderung, sich in die Grundlagen der Bodypercussion einzuarbeiten und etwas mitzuteilen, dass diese Begeisterung mit anderen teilt und auf sie überträgt. Und genau das möchte ich erreichen, ich möchte Kinder oder eventuell auch Erwachsene dazu bringen, ihren Körper als Instrument zu sehen und einzusehen bzw. zu erfahren, dass man mit unserem Körper viel mehr machen kann, als man glaubt. Ich selber war davon sehr begeistert, habe Bodypercussion sofort toll gefunden und möchte auf jeden Fall mehr darüber erfahren und auch mehrere Menschen dazu bewegen.

1 Einführung

Rhythmus war schon immer ein sehr bedeutender, grundlegender Bereich in der Musik. Ohne Rhythmus könnten keine Melodien entstehen, ein Orchester könnte nicht spielen und außerdem würde es keine Discomusik, Rock oder ähnliches geben, denn jede Musik basiert auf Rhythmus. Viele Jahrhunderte wurde dies in Europa nicht wahrgenommen und geschätzt. Erst durch die Musik aus z.b. Amerika, Afrika, und Lateinamerika wurde Rhythmus wieder neu entdeckt, und mit der Zeit merkten immer mehr Leute, dass Rhythmus mehr als nur Begleitung oder Bestandteil von Melodien ist, denn er stellt ebenfalls eine unabhängige Kunst dar.

Die Kunst, mit Rhythmus und Rhythmusinstrumenten, zu denen auch der menschliche Körper zählt, Musik zu machen, ist unter dem Begriff Percussion bekannt. Derjenige, der diese „Musik" macht, wird Percussionist genannt. Diese Bezeichnung leitet sich vom lateinischen „percussio" ab und heißt „schlagen". Percussion ist jedoch viel mehr als nur „schlagen".

(vgl. Reiter 1998, 4)

Ich möchte daher vor allem auf die Kunst, mit dem menschlichen Körper Musik zu machen, also die Bodypercussion, näher eingehen.

Bodypercussion ist die Tonerzeugung mit dem eigenen Körper. Dabei werden meist Hände, Füße und Finger verwendet. Auf dem Körper können dann Klänge und Rhythmen ganz eigener Art entstehen.

(vgl. http://de.wikipedia.org/wiki/Body_Percussion)

2 Ursprung der Bodypercussion

Der Ursprung der Bodypercussion liegt eigentlich bei unseren Vorfahren, den Schimpansen oder Gorillas. Sie setzten Bodypercussion bereits in der Form des Brustschlagens zur Verstärkung ihres Gebrülls oder als Drohgebärde ein. Auch das Zirpen der Grillen durch das Aneinanderreiben ihrer Hinterfüße wird als Bodypercussion gesehen.

(vgl. http://de.wikipedia.org/wiki/Body_Percussion)

Doch auch die Urvölker sind Träger des Brauchtums „Musizieren mit dem Körper". Durch die Formen des Tanzes in rituellen Tänzen wurden symbolische Zeichen ausgedrückt, welche die Grundlage bildeten. Diese Zeichen sollen einen bestimmen Inhalt darstellen und über eine Geste ausgedrückt werden. Wenn beispielsweise die Hand ausgestreckt wird, zeigt uns das Entgegenkommen. Ein weiteres Beispiel dafür ist das Halten der Hand über jemanden, denn dies ist ein Zeichen für Fürsorge. Der Fuß ist mit der Erde am nähesten vereint und somit ein Symbol für In-Besitznahme oder Standhaftigkeit. Der Fußkuss galt also als Zeichen hoher Achtung und hohen Respekts. In den rituellen Tänzen wurden diese Symbole dann zu einer bestimmten Aussage kombiniert. Einige dieser rituellen Tänze waren die Begrüßungstänze, Abschiedstänze und die Anbetungstänze an die Gottheiten mit der Bitte um bestimmte Dinge.

Wie kam es nun von diesen Tänzen zur Bodypercussion?

Da in diesen Tänzen Emotionen immer sehr wichtig waren, kamen später Urlaute und die Feststellung, dass aus einer schnellen Handbewegung Klang entsteht, hinzu. Diese Tanzgesten sind zur gleichen Zeit Klanggesten, welche durch die Ausdrucksweise von Empfindungen intensiviert werden. Der tanzende Körper produziert Geräusche bzw. Laute oder Klänge, die immer bewusster realisiert und gegliedert werden. Diese Körperschallhandlungen führen zum ersten, ursprünglichen Instrument, dem Körper. Die Schläge auf den Körper konnten verschiedene Klangrichtungen bilden, da die Menschen fast keine Kleidung trugen. So schlugen sie mit den Händen auf verschiedenste Körperteile oder auch mit geballten Fäusten auf den Brustkorb. Ebenso wies das Aneinanderschlagen der Oberschenkel bei den Frauentänzen eine Art Bodypercussion auf. Am rhythmisch-klanglich veränderbarsten erscheint jedoch das Klatschen als Flachhand- oder Hohlhandschlag. Wenn man beide Ausführungen im Wechsel durchführt, entstehen reizvolle Klangwirkungen. Diese Grundformen wurden später dann immer mehr unterschieden und mit der Zeit durch mitklingende Gegenstände oder Kleidungsstücke ausgedehnt. Bestimmte Elemente sind bis heute erhalten geblieben und sind noch manchmal in populären Tanzformen zu finden.

Die Ausgangsposition der Bodypercusson sind also klingende Gesten. Eine Geste, die mit einer kräftigen Ausdrucksweise vereint wird, erzeugt ein Geräusch. Wird diese klingende Geste nun als rhythmisches Vorhaben durchgeführt, so sprechen wir von Bodypercussion. Das Ausmaß des Trommelns bzw. Schlagens auf verschiedenartige Körperregionen ist sehr differenzierend und kann verschiedene Wahrnehmungen verursachen. Dadurch ist es von großer Bedeutung, immer

„sensibel" zu schlagen. Dies gilt vor allem auch im Spiel miteinander. Wenn ein Mitspieler vorhanden ist, müssen seine Emotionen berücksichtigt werden. Man kann Bodypercussion jedoch auch als Verbindung zwischen Tanz und Musik betrachten, da Körperrhythmen komponiert und zur selben Zeit Bewegungen ausgeführt werden. *(vgl. http://www.kita-bildungsserver.de/downloads/download-starten/?did=43)*

3 Besondere Klang- und Spieloptionen

3.1 Die Füße

Unsere Füße sind am weitesten vom Kopf entfernt und werden auch oft am wenigsten beachtet. Sie erfüllen jedoch eine sehr wichtige Rolle bzw. Aufgabe. Sie tragen uns durchs Leben und sind die Verbindung zur Erde. In unserer Kultur gehen wir unbewusst im Fersengang. Wenn wir jedoch laufen, tanzen oder schleichen, wechseln wir oft in die Form des Ballenganges. Wir können aber klar registrieren, wie sich unser Fuß bewegt.

Unsere Füße weisen auch die Kompetenz des Fühlens auf, was dazu beiträgt, dass wir uns mit geschlossenen Augen ebenso bewegen und orientieren können.

Für die Bodypercussion sind die Füße ein sehr bedeutender Bestandteil, wobei eine Bewegung der Füße genau betrachtet keine Bodypercussion ist, da der Körper den Boden und nicht den Körper bespielt. Trotzdem ist das Stampfen die selbstverständlichste Klanggeste, die aus dem Gehen erzeugt wurde. Durch das rhythmische Stampfen entsteht eine enorme Kraft und es entwickelt sich, musikalisch betrachtet, ein kontinuierliches Metrum. Für die praktische Arbeit mit Bodypercussion spielt daher der Boden eine große Rolle. Der Klang des Stampfens und ob es überhaupt klingt, hängt vom Boden ab. Einen guten Resonanzklang erhält man bei Holzböden oder Kunststoffböden. Teppichböden oder ein Betonuntergrund erzeugen keinen schönen Klang und können die Klänge teilweise auch verschlucken.

Weiters wirkt sich klanglich aus, ob man Schuhe trägt oder barfuß stampft. Schuhe entfremden uns zwar von der Erde, sind jedoch ein kultureller Verdienst weisen interessante Optionen auf. Seien es klappernde Holzschuhe, das Klappern von Absätzen oder ähnliches.

(vgl. http://www.kita-bildungsserver.de/downloads/download-starten/?did=43)

Das Stampfen hat neben der Standhaftigkeit auch eine aufbegehrende Facette und kann aggressiv sein. Bei jedem einzelnen Menschen schlägt die gefühlvolle

Wahrnehmung eine andere Richtung ein. Stampfen gehört ebenso zur Persönlichkeitsentwicklung. Gefühle wie Wut, Trotz oder Selbstbehauptung können ebenfalls durch Stampfen ausgedrückt werden.
(vgl. Zimmermann 2000, 24)

o   Der Spaziergang:
Wir können unsere Füße unterschiedlich auf den Boden setzen und gehen. Daraus entstehen auserwählte Klänge und zur selben Zeit entwickeln wir ein Gefühl für die Bewegungen der Füße. Es gibt zahlreiche verschiedene Arten, die beim Gehen verschiedene Klänge erzeugen: normaler Schritt, energischer Stampfschritt, mit dem ganzen Fuß schlurfen, nur auf dem Ballen bzw. nur auf den Fersen gehen, abrollendes Aufsetzen von der Ferse zum Ballen (schnell ausgeführt) oder umgekehrte Ausführung vom Ballen zur Ferse (schnell ausgeführt). Beim Erproben dieser Optionen merkt man schnell, dass sich mit der beteiligten Schrittart auch eine innere Pose einstellt. Dabei kann man auch gemischte Gangformen entfalten und jede Zusammensetzung ergibt dabei wieder einen eigenen Körperausdruck.
(vgl. Zimmermann 2000, 25)

o   Fußrhythmen mit Schrittklang-Ansatz
Die Gangarten bestehen aus belasteten Schritten durch Gewichtsübertragung. Wenn wir diesen Schritten noch unbelastete Fußaktionen zufügen, werden rhythmische Muster gestaltet. Es existiert aber auch die Möglichkeit, diese Fußmuster in einen Tanz zu verwandeln. Dabei sind ein passendes Schuhwerk und eine ordentliche Körperhaltung von großer Bedeutung. Der Oberkörper soll gerade sein, die Hände sollen auf die Hüfte gesetzt werden und die Knie leicht gebeugt sein. Ebenfalls entwickeln sich durch versetzte Schwerpunkte besondere Rhythmen.
(vgl. Zimmermann 2000, 28)

3.2   Die Hände

Die Hände werden auch als unser „äußeres Gehirn" bezeichnet. Bereits im Mutterleib, wenn das Herz zu schlagen beginnt, nähern sich die Hände dem kleinen Herz und werden vom Rhythmus des Herzens bewegt.

(vgl. http://www.kita-bildungsserver.de/downloads/download-starten/?did=43)

Die Hand ist jedoch auch mit Sicherheit das am meisten verbreitete Instrument auf der Erde. Singen mag nicht jeder, doch in die Hände zu klatschen fällt den meisten Menschen nicht schwer. Und geklatscht wird auf der ganzen Welt! Von den Bildern auf Vasen bis hin zu zeitgenössischen Kompositionen kann man den Weg des Klatschens verfolgen. Dem Klatschen kommt immer wieder neuer Wert zu, sei es in rituellen, kultischen, symbolischen oder musikalischen Handlungen.

(vgl. Zimmermann 2000, 32)

Ein interessanter Gesichtspunkt bei der Interaktion mit unseren Händen ist die Seitigkeit. Unterschiedliche Aufgaben zeigen schnell, dass es der einen Hand meist leichter gelingt, Rhythmen aufzunehmen, umzusetzen und Handhaltungen wahrzunehmen, als der anderen. In der Bodypercussion gibt es viele Möglichkeiten, die „schlechtere" Seite zu aktivieren, Beidseitigkeit zu üben und mit Langsamkeit und Ungeschicklichkeit umgehen zu lernen. Die verbreitetste Form des rhythmischen Musizierens mit den Händen ist natürlich das Klatschen. Das Händeklatschen als rhythmische Begleitung ist für jede Art von Musik immer effektiv. Man kann jedoch nicht nur in die Hände klatschen, sondern auch auf andere Körperteile wie z.B. die Oberarme, Oberschenkel, den Bauch oder die Brust schlagen, damit höhere bzw. tiefere Töne entstehen. Wenn sich das Klatschen an körpereigene Rhythmen wie den Herzschlag, die Atmung oder den Gehrhythmus bindet, können daraus tragende Rhythmen werden. Klatschen kann ebenso Gefühle von Geborgenheit und Sicherheit vermitteln.

(vgl. http://www.kita-bildungsserver.de/downloads/download-starten/?did=43)

Nun möchte ich verschiedene Möglichkeiten des Klatschens anführen.

o **Der Beifall**

Der Beifall ist auf der ganzen Welt bekannt und ein weitläufig verbreitetes Brauchtum. Er bietet einer Anzahl von zuhörenden Menschen die Möglichkeit, sich tatkräftig an einem Geschehen zu beteiligen und sich gefühlsmäßig auszudrücken. Gemeint ist der Augenblick, in dem sich die Spannung, die in der passiven Zuhörerrolle entsteht, entladen kann. Dabei steht ein breites Spektrum an Ausdrucksmöglichkeiten zur Verfügung. Dies geht von den „standing ovations" bis hin zur Ablehnung bzw. Verweigerung des Applauses. Die Verweigerung des Beifalls kann entweder ein Zeichen für hohe Entrüstung oder aber auch für tiefe Berührung sein. Im alten Rom wurde der Applaus verändert, je nach Anlass wurde entweder mit der flachen oder hohlen Hand, nur mit dem Unterarm oder mit ausgestreckten Armen, im Sitzen oder im Stehen geklatscht. Neben der gefühlsmäßigen Unterscheidung hat der Beifall auch eine musikalisch komplexe Form. Es ist das am weitesten verbreitetste und bekannteste Percussion-Improvisationsstück. Klatschen ist kein unkontrolliertes Chaos, sondern genauer betrachtet eine polymetrische Musik. Jeder Mensch klatscht in seinem eigenen gleichmäßigen Metrum, nur in unterschiedlichen Tempovariationen. Durch Überschneidung dieser verschiedenen Metren wird eine Form von Schallwirbel erzeugt. Will man die Energie des Applauses verstärken, schlägt sich aus verschiedenen Metren ein Zeitmaß durch und alle klatschen zusammen auf demselben Schlag. Spannend ist auch, wie sich die Applauspercussion im klassischen Konzert deutlich von der im Rockkonzert unterscheidet.

Eine Erhöhung im Aufbau von rhythmisch gesungenen Sprechchören der Zuschauer können wir beim Fußball beobachten. Dieser Zustand kann sogar noch weiter gesteigert werden, indem das gemeinsame Klatschmetrum und der Sprechrhythmus schneller werden, bis alles im Schallwirbel wieder verfällt. Es gibt zum Applaus auch einige Spiele, die zum besseren Verständnis durchgeführt werden können.

(vgl. Zimmermann 2000, 33f)

o   Klatschtechniken

Prinzipiell unterscheidet man beim Klatschen zwischen einfachem und zweifachem Klatschen. Wenn man in die Hände klatscht, werden meist beide Hände bewegt und zusammengeklatscht, weshalb man dies auch als zweifaches Klatschen bezeichnet. Bei Bodypercussion klatschen wir jedoch so, dass eine Hand zum Instrument wird und in einer konstanten Stellung bleibt, während die andere zum „Schlägel" wird. Dadurch bleibt eine Hand passiv, weshalb diese Möglichkeit als einfaches Klatschen bekannt ist.

Der Musikpädagoge Jürgen Zimmermann unterscheidet drei verschiedene Klatschtechniken beim einfachen Klatschen:

1. *Das Flachhand-Klatschen:* Hierbei werden die Finger der Schlaghand geschlossen und gerade gehalten. Bei guter Ausführung ergibt sich ein sehr knackiger Klang.
2. *Das Hohlhand-Klatschen:* beide Handteller bilden beim Klatschen einen Hohlraum und ein dumpfer Basston entsteht.
3. *Das Rückhand-Klatschen:* Die Schlaghand spielt mit dem Handrücken in die Handfläche der anderen Hand. Es entsteht kein Hohlraum, der Klang ist jedoch etwas dünner und sehr hell.

Im gleichmäßigen Klatschen kann man mit diesen Techniken die Klangqualität hervorragend ändern und so einen Rhythmus bilden.

Jürgen Zimmermann entwickelt dafür eine Trommelsprache, indem er den einzelnen Klängen eine Silbe zuordnet:

Flachhand = TAK (T)   *Hohlhand = DUM (D)*   *Rückhand = BIB (B)*

Diese Silben sollen genau so kurz gesprochen werden, wie sie gespielt werden.

Neben den bis jetzt angeführten Spielmethoden existieren noch einige weitere Möglichkeiten der Klangdifferenzierung der Hände. Man kann mit einem oder mehreren Fingern die Handfläche der anderen Hand bespielen, nur mit den Fingerspitzen auf den Handballen spielen, nur die Fingerkuppen der beiden Hände gegeneinanderschlagen, die Fingerknöchel aneinanderschlagen oder die Fingernägel beider Hände aneinanderreihen.

Solche ruhigen Klänge zeigen ihre Begabung erst im Unisono-Spiel einer etwas größeren Gemeinschaft. Weiters gibt es noch das Flachhandreiben und das Hohlhandreiben.

Mit diesen unterschiedlichen Abwandlungen kann man auch gut mit Kindern experimentieren. Diese Elemente können beispielsweise in einer Geschichte verpackt sein. Man kann die Kinder auch die Augen schließen und raten lassen, was sie gerade gehört haben.

Nach Jürgen Zimmermann gibt es auch noch zahlreiche weitere Klatschtechniken wie z.B. „Die Handwippe", „Die Tambourim-Hand", „Feierabend-Klatschen" und „Indonesisches Klatschen".

- *Die Handwippe:* Handteller und Fingerfläche einer Hand bilden einen Winkel von 45 Grad. In einer Art Wippschlag spielt der Handballen auf dem Handgelenk (Innenseite) und die Fingerfläche auf dem Handteller der anderen Hand (diese im Winkel von Hand und Unterarm nach außen gestreckt der Schlaghand anpassen). Diese Technik ist im Klang etwas sensibler als manch andere Techniken. Bei guter Ausführung haben wir eine interessante Spielvariante mit zwei Klängen.

- *Die Tambourim-Hand:* Der Titel für diese Klatschvariante lehnt sich an eine Spieltechnik für das Tambourim an. Es wird zwischen zwei Schlag- und Klangvariationen gewechselt: zuerst ein Klatscher auf die Handfläche der Instrumenten-Hand, wobei die schlagende im rechten Winkel auftritt. Mit dem Schlag wird die Instrumenten-Hand nach unten gedreht und die Schlag-Hand holt von unten zu einem Schlag mit den Fingerrücken zu einem Schlag auf die nach unten gehaltenen Handfläche aus und wieder von vorne (die schlagende Hand dreht im Instrumentenhand jeweils um). Diese Bewegung erlaubt eine flüssige Spieltechnik mit akzentuierten Rhythmen (der von oben geführte Schlag ist akzentuiert, während der Schlag von unten eine Art Füllschlag ist).

- *Feierabend-Klatschen:* Der Begriff und die Technik sind abgeleitet aus der Geste des Händeabwischens nach getaner Arbeit. In einer vertikalen Auf-und Ab-Bewegung schlägt die Fingerfläche der einen Hand die Handfläche der anderen Hand und dann umgekehrt. Dadurch, dass die Handflächen aneinander seitlich gestreift/gewischt werden, ergibt sich im schnelleren Tempo ein entsprechend flacher, aber dennoch intensiver Klang.

- *Indonesisches Klatschen:* Beide Hände werden seitlich mit den Handflächen zueinander gehalten. Die Hände schlagen aus dem Handgelenk heraus in einer fließenden Bewegung abwechselnd mit den geschlossen gehaltenen Fingern in die Handfläche der anderen Hand. Die Armbewegung unterstützt den Impuls aus dem Handgelenk – keine „Säge"-Bewegung! Bei guter Ausführung ist der Klang auch bei schnellem Spiel sehr intensiv und knackig. Diese Klatschtechnik wird auch Java-Clapping genannt und scheint in dieser Form eine Spezialität dieses Kulturraumes zu sein.

(vgl. Zimmermann 2000, 38f)

o   Klatschspiele

Ein wichtiges Element der Bodypercussion sind die Klatschspiele. Sie sind vor allem bei Kindern sehr beliebt und man kann den Schwierigkeitsgrad sehr gut anpassen. Dabei werden meist Abzählreime, Verse oder Spiellieder verwendet. Klatschspiele fördern das Rhythmusgefühl ebenso wie die Körperkoordination. Ansprechend sind vor allem Temposteigerungen, die mit der Bewältigung der auszuführenden Gesten verknüpft werden. Da Klatschspiele meist zu zweit oder in einer Gruppe stattfinden, können sie auch das Gemeinschaftsgefühl verbessern.

(vgl. http://www.kita-bildungsserver.de/downloads/download-starten/?did=43)

Nebenbei werden auch die Körperkoordination und das Zusammenwirken der beiden Gehirnhälften durch die Überkreuzbewegung spielerisch gefördert und geübt. Klatschspiele gibt es unzählig viele. Sie zählen wahrscheinlich zu den ältesten und meist geschätzten Kinder-Rhythmusspielen, denn die Verknüpfung von Sprüchen und Klatschrhythmen hat auf Kinder eine starke Anziehungskraft. Man kann sie entweder immer in derselben Geschwindigkeit oder schneller werdend durchführen.

(vgl. Filz 2010, 16)

o   Das Fingerschnipsen

Das Fingerschnipsen kann man als eigene Geste zählen, da es nur mit einer Hand ausgeführt wird. Oft ist es mit einer Hand leichter, als mit der anderen, deshalb ist viel Übung notwendig. Im Alltag kommt schnipsen relativ oft vor, z.B. in der Schule, bei Musikvereinen usw... Das Schnipsen spielt auch bei der Begleitung von Musikstücken eine wichtige Rolle.

(vgl. Zimmermann 2000, 45)

o   <u>Das Patschen</u>

Jede Form von Schlag mit der flachen Hand auf den Körper wird als Patschen bezeichnet bzw. gesehen. Unterschiedliche Klänge werden durch das Spiel auf diverse Körperteile erzeugt. Das Patschen bezieht sich jedoch eher auf den unbekleideten Körper, wenn es ein vollklingender Schlag werden soll. Dieser Schlag hat also leider immer mehr Bedeutung verloren, da durch fortschreitende Kultivierung die Bekleidung der Menschen immer mehr wurde. Es sind aber noch mehrere Reservate für das Patschen vorhanden. Das „Schuhplattln" ist vor allem im alpenländischen Raum namhaft. Hierbei ist die Lederhose als überlieferte Kleidung gewissermaßen eine Haut, auf der der Schlag wie auf nackter Haut klingt. Bei den Aborigines in Australien ist ebenfalls noch eine Art des Patschens vorhanden. Zur Begleitung von Liedern wird ein Schlag durchgeführt, bei dem im Sitzen am Boden der nackte Oberschenkel oder Felldecken auf dem Schoß bespielt werden. Das Patschen findet in der Praxis jedoch trotzdem am wenigsten Verwendung und daher gibt es auch nur sehr wenige kulturell eingebettete Idole. Weiters ist der Schlag auf den eigenen Körper ein speziell rückläufiger Bestandteil. Aus beiden Ansichten bildet sich für die pädagogische Arbeit eine gewisse Einfühlsamkeit. Dies bezieht sich vor allem auf die zeitliche Spanne. Solange diese Form von Bodypercussion nicht gewohnt ist, sollte nicht zu lange gespielt werden. Ein anderer Ansichtspunkt ist die Schlagtechnik. Das Patschen verbindet den Schlag möglicherweise auch manchmal mit Prügel. Patschen ist jedoch eine Behandlung des eigenen Körpers, die einerseits sehr liebevoll und behutsam, andererseits jedoch auch intensiv genug, um das optimale Klangvolumen zu erlangen. Es ist zwar ursprünglich für die nackte Haut gedacht, es funktioniert jedoch auch auf der Kleidung. Die Kleidung kann hierbei sogar eine besondere Schutzfunktion darstellen. Sie sollte jedoch nicht zu dick sein.

Bepatscht können viele Teile unseres Körpers werden: Wangen und Stirn, die Brust, die Arme, die Bauchpartie, die Hüften, der Po, die Ober-und Unterschenkel und die Fußsohlen. Hierbei ist es von großer Bedeutung, variabel zu arbeiten.

Es gibt auch sehr viele verschiedene Kreis-Spiele mit Patsch-Motiven, die sehr zum Begleiten von Liedern geeignet und leicht zu lernen sind. Dafür gibt es nach Jürgen Zimmermann eine Legende der verschiedenen Schläge:

O Schlag auf die eigenen Oberschenkel

R Schlag (mit beiden Händen) auf die Schenkel der rechts sitzenden Person

L Schlag (mit beiden Händen) auf die Schenkel der links sitzenden Person

U Schlag auf den Boden

Y Gabelschlag, die linke Hand spielt auf dem linken, die rechte Hand auf dem rechten Nachbarn (wieder zugleich!)

B Schlag auf die Brust

X Klatschen

So könnten beispielsweise solche Patsch-Motive aussehen:

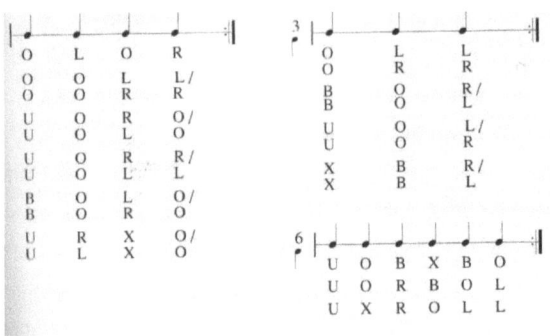

(vgl. Zimmermann 2000, 77f)

3.3 Hände UND Füße

Nun kommen wir der eigentlichen Bodypercussion schon etwas näher, da jetzt vor allem die Koordination von Hand und Fuß im Mittelpunkt steht.

(vgl.http://www.kita-bildungsserver.de/downloads/download-starten/?did=43)

Dies benötigt mit Sicherheit etwas Übung. Zur selben Zeit wird hiermit auch das zweistimmige Spiel für Bodypercussion eingebracht. *„Die elementaren Spielprinzipien sind dabei Überlagerungen verschiedener Metren, komplementäre Rhythmen sowie auch die Qualität von Tanz und Musik."*[1] Die Fußstimme zeigt den Tanzschritt und die Handstimme macht den Rhythmus dazu. Für Kinder ist diese Ebene in einfachen Variationen möglich und schon sehr anspruchsvoll. Zur Einstimmung auf die Arbeit mit Händen und Füßen ist eine gute „Aufwärmungsphase" von großer Bedeutung, um gut mit dem Körper arbeiten zu können.

Die nächste Stufe zur musikalischen und körperlichen Selbstständigkeit ist das Spiel eines rhythmischen Motivs zur metrischen Begleitung auf der jeweils anderen Stufe. Dabei ist es anfangs leichter, zum Metrum der Füße ein Rhythmus-Motiv mit den Händen zu klatschen, als umgekehrt zu handeln.

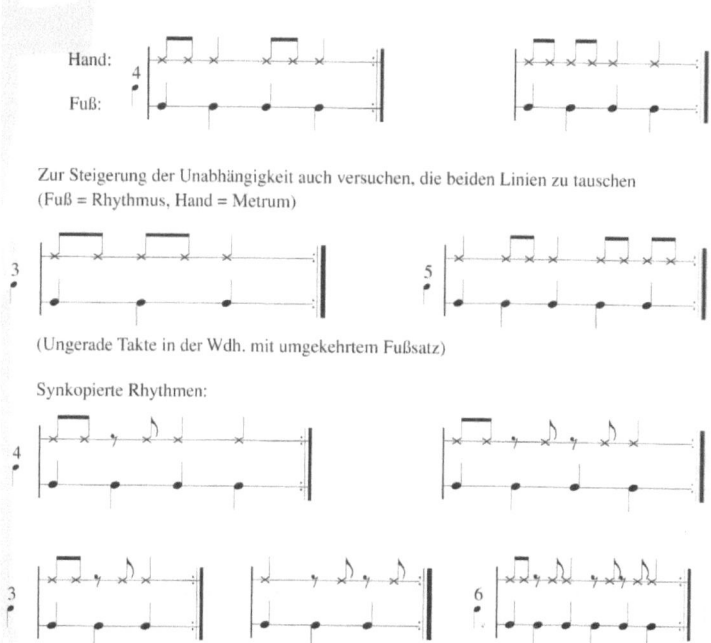

(vgl. Zimmermann 2000, 68f)

---

[1] Zimmermann 2000, 68

3.4 Das Zungenschnalzen

Dies zählt tatsächlich zu den Körperschlag-Aktionen und nicht zu den Stimm-Aktionen, da nur wenige Elemente des Stimmapparates benutzt werden wie die Zunge, der Gaumen und der Unterkiefer, jedoch nicht die Stimme aktiviert wird. Der Klang kann beeinflusst werden, indem wir die Mundöffnung variieren.

(vgl. Zimmermann 2000, 46)

4 Berührungen

Alle aufgezählten Versionen der Bodypercussion beschäftigen sich mit Berührungen. Diese können angenehm, aber auch unangenehm sein. Deshalb muss man seinen eigenen Körper gut kennen lernen, um dafür ein richtiges Gefühl bzw. Gespür zu erwerben. Die Bodypercussion hat neben dem musikalischen Faktor auch einen Massageeffekt und ist zur selben Zeit ein Wahrnehmungstraining. Es kann also von Vorteil sein, kurze Sensibilisierungsübungen einzufügen, die das Gefühl für verschiedene Körperteile verstärken.

Ein Anwendungsbeispiel von Fredrik Vahle ist der Spruch „Zauberhände hat die Sonne". Was darin vorkommt, kann auf dem eigenen Körper oder mit einem Partner durchgeführt werden:

Zauberhände hat die Sonne,
sinken sanft und leise nieder.
Streicheln langsam Tal und Hügel, wecken alle Vogellieder.

Hier ein Triller, dort ein Triller.
Einmal hier und einmal da.
Oben, unten, überall trillert es von fern und nah.

Auch der Bäcker ist schon fleißig,
reibt die Hände warm und dann,
fängt er sanft und mild und langsam seinen Teig zu kneten an.

Und den knetet er auch kräftig,
gut hinein und rauf und runter.
klopft den Teig mit flachen Händen- früh schon ist der Bäcker munter.

Draußen fallen erste Tropfen,

Prasselregen, der macht Krach,

klopft an alle Fensterscheiben

und macht alle Kinder wach.

Zauberhände hat die Sonne,

sinken sanft und leise nieder.

Streichen langsam Tal und Hügel, kommen wieder, immer wieder

Ein weiteres Anwendungsbeispiel nach ihm ist der „Bauchstreichelreim", der mit geschlossenen Augen durchgeführt wird:

Wenn ich mir mit meinen Händen

Eine Schneckenhausspirale

Rund auf meinen Bauch raufmale,

spüren die Hände meinen Bauch,

und mein Bauch spürt meine Hände auch.

(vgl. http://www.kita-bildungsserver.de/downloads/download-starten/?did=43)

5 Koordination der vier bedeutenden Schlagaktionen

Die vier bedeutendsten Schlagaktionen bzw. Klanggesten in der Bodypercussion sind: schnipsen, klatschen, patschen, stampfen. Die Zusammensetzung dieser vier Klanggesten kann sich schon etwas schwieriger gestalten und verlangt vor allem viel Aufmerksamkeit und Konzentration. Es wird dabei vor allem die Orientierung und Merkfähigkeit im ganzen Körperraum verbessert. Meistens wird zuerst im Sitzen gespielt, da ansonsten Probleme beim Stampfen auftreten können, wenn man die Balance noch nicht richtig halten kann. Schnipsen und Patschen werden auch anfangs mit beiden Händen ausgeführt, erst später kommt die Links-Rechts-Koordination hinzu. Zuerst werden nur Kombinationen mit zwei Klanggesten durchgeführt, später folgen dann Kombinationen mit drei oder vier Klanggesten. Das Stampfen im Stehen soll auch als Tanzmoment verstanden werden und daher auch so gestaltet werden. Solche Kombinationen können auch eventuell noch ausgeschmückt werden. Ein weiterer Level der Interpretation ist die Umsetzung von Wörtern oder Satzteilen in die Sprache der Klanggesten. Dabei wird neben dem

Sprachrhythmus auch der Sprachklang beachtet, denn die Färbung der Klanggesten wird an die Vokalfärbung gebunden:

i   Schnipsen

e   Zungenschnalzer

a   Klatschen

o   Patschen

u   Stampfen

Beachtenswert ist auch das Spiel von mehrtaktigen Phrasen als Kanon, da hier zum Rhythmus noch der Bewegungskanon dazustößt. Die Improvisation sollte dabei jedoch nicht vergessen werden!

5.1 Der Rhythmusbaukasten (Rhythm-Blocks)

Der Rhythmusbaukasten beruht auf einem Gedanken des amerikanischen Musikers Keith Terry. In einer systematischen Zusammensetzung der unterschiedlichen Klanggesten kommt eine Spieltechnik zustande, die schnell erfassbar ist und zahlreiche Varianten aufweist. Diese Vorgehensweise bietet vor allem durch die Zusammensetzung leichter Bausteine einen Einstieg in die bedeutende Komposition von Rhythmen. Die Grundlage für den Baukasten ist eine Reihenfolge von Schlägen, die vom Körper abwärts verlaufen. Die Bewegung setzt somit keine komplexe Koordination des Körpers voraus. Weiters gewährt die Reduktion der einzelnen Motive in Form von Zahlen eine rasche Merkfähigkeit. Von daher ist dem System eine Klarheit mitgegeben, die zahlreiche Möglichkeiten anbietet.

o   Die vier Bausteine

Beim Spielen dieser Bausteine ist eine Hand immer die so genannte führende Hand. Jeder Baustein startet mit einem Klatscher. Dabei spielt die führende Hand den Klatscher, während die andere Hand das Instrument darstellt und nur gehalten wird. Die führende Hand führt zuerst einen Brustschlag durch, gefolgt von der Instrumenten-Hand. Alle weiteren Schläge werden dann im Hand-zu-Hand-Spiel am Körper hinab gespielt, wobei egal ist, ob mit links oder mit rechts begonnen wird. Die verwendete rechts/links-Koordination sollte jedoch auch beim Stampfen beibehalten werden.

Zur speziellen Darstellung der Bausteine wird folgende Legende benutzt:

| Schnipsen | Klatschen | Patschen Brust | Patschen Hüfte | Patschen Po | Stampfen |

Die vier Bausteine nach Terry Keith: 3,5,7 und 9 *(vgl. Zimmermann 2000, 100f)*

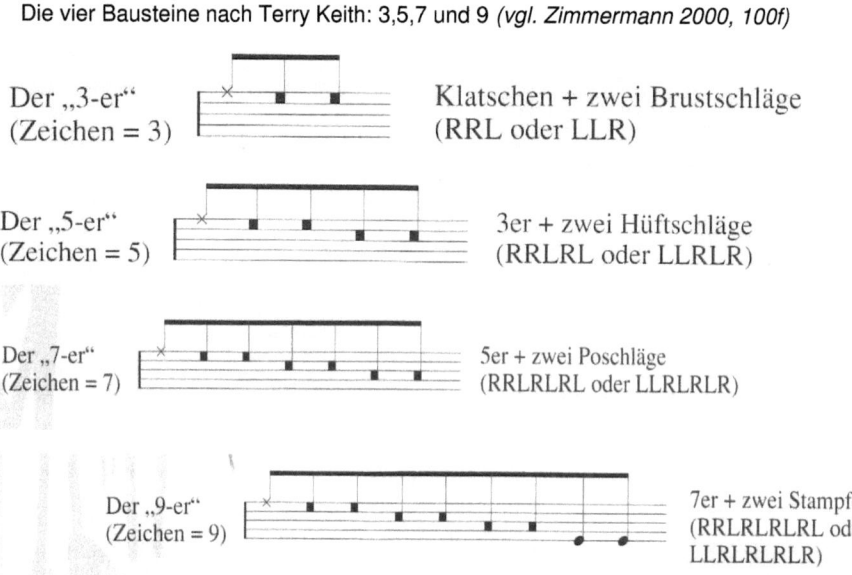

Der „3-er"
(Zeichen = 3)
Klatschen + zwei Brustschläge
(RRL oder LLR)

Der „5-er"
(Zeichen = 5)
3er + zwei Hüftschläge
(RRLRL oder LLRLR)

Der „7-er"
(Zeichen = 7)
5er + zwei Poschläge
(RRLRLRL oder LLRLRLR)

Der „9-er"
(Zeichen = 9)
7er + zwei Stampfer
(RRLRLRLRL oder LLRLRLRLR)

Diese Bausteine können beliebig kombiniert werden und eine Notation könnte beispielsweise so aussehen: (Kurznotation) *(vgl. Zimmermann 2000, 100f)*

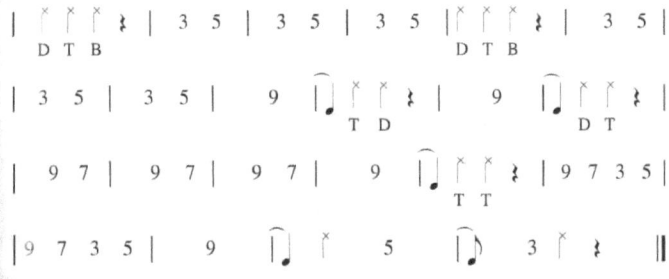

Die Bausteine können auch ohne weiters zweistimmig gespielt werden. Die leichteste Methode einer Zweistimmigkeit entsteht, wenn zwei oder mehrere Spieler jeweils einen eigenen Baustein wiederholt spielen. Man kann jedoch auch Bausteine kombinieren, die in beiden Stimmen die gleiche Summe ergeben wie z.B. 5/7 und 7/5. Ebenfalls kann ein Kanon mit den Bausteinen gespielt werden. Natürlich können diese Bausteine auch beliebig verändert werden. Durch Variationen oder Erweiterungen ergeben sich immer neue Möglichkeiten, die Melodielinien der Zusammensetzungen zu verändern. Schon das Spiel mit einem Baustein bekommt eine neue Qualität, wenn man beispielsweise statt dem Brustschlagen stampft. Auch die Notenwerte können nach Bedarf geändert werden, wenn ein neuer bzw. anderer Rhythmus entstehen soll.

(vgl. Zimmermann 2000, 100f)

6 6. Bodypercussion Künstler

6.1 Terry Keith

Terry Keith ist ein Percussionist, Rhythmus-Tänzer, Pädagoge, Komponist und Produzent. Seine Arbeit umfasst eine Reihe von Disziplinen: Musik, Tanz, Theater, Performance-Kunst, die er alle zusammenfasst. Als ein selbst-definierter „Körper Musiker" nutzt er selbstverständlich auch das älteste und bekannteste Musikinstrument der Welt – seinen eigenen Körper. Er verwendet seinen Körper zum Erforschen bzw. Umformen traditioneller und aktueller Rhythmen und für rhythmisch erzeugte Bewegungsmöglichkeiten. Als ausgebildeter Schlagzeuger war Terry Keith zuerst bei einem Jazz Ensemble, bei dem seine „Trommelmuster" nach und nach auch mit Klatsch- oder Stampfrhythmen ausgeschmückt wurden. Bald wurde aus seiner Percussion dann Tanz, aus seinem Körper ein Instrument und somit entstand sein eigener Stil, den er als „Body Music" bezeichnete. Seine Wirkung reicht vom japanischen Taiko (mit Schlägeln geschlagene Röhrentrommeln) und balinesischen Gamelan (Gruppe von Musikstilen) bis zu nordamerikanischen Rhythmen und äthiopischer Musik. Keith Terry ist wahrscheinlich am besten für seine Solo-Werke bekannt, die er bereits in den Vereinigten Staaten, Europa und Asien vorgeführt hat. Als Solist trat er bereits an folgenden Schauplätzen auf: Fun Festival im Lincoln Center, Bumbershoot Festival (internationales Musik- und Kunstfestival in Seattle),

Dance Festival in Colorado, Arts Festival in Bali, Internationales Wiener Tanzfestival Drum Festival in Amsterdam und noch einige weitere.

Seine künstlerische Vorstellung bzw. Vision überspannte die Grenze zwischen Musik und Tanz für mehr als drei Jahrzehnte.

Er ist auch für seine großflächige Zusammenarbeit mit anderen Künstlern bekannt wie z.b. dem Pickle Family Circus, Robin Williams, Tex Williams, Bobby McFerrin, Tandy Beal, Turtle Island String Quartet, Linda Tillery, das Original Jazz Tap Ensemble und noch viele mehr. Als Musiker, Produzent und Komponist hat Terry Keith fünf Alben und drei Videos sowie Lehr-DVDs veröffentlicht. Als Percussionist wurde er bereits auf „Earthbeat!" und „Theresa Records" aufgenommen, um einige Soundtracks für Filme und Fernsehen zu gestalten, darunter eine erfolgreiche US-Serie und der Betty Walberg Film „Bridge of Dreams". Außerdem ist er bereits im Radio erschienen.

Von 1998 bis 2005 war Keith an der Fakultät „UCLA-Department of World Arts and Cultures", wo er Kurse über das Verhältnis von Musik und Tanz, tiefes Zuhören, Synchronisation, Zeit und Timing und über interkulturelle Kommunikation in der Kunst hielt. Im Jahr 2006 konzipierte und leitete er das erste Internationale Body Music Projekt für das Orff-Institut in Salzburg mit Künstlern aus der Türkei, Finnland, Spanien, Österreich und den USA. Terry Keith tourte vor allem in Amerika, Asien und Europa, wo seine Body Music Performances, Workshops und Choreographien sehr beliebt sind, vor allem bei professionellen Pädagogen und Künstlern.

2008 produzierte er das erste Internationale Body Music Festival in der San Franciso Bay Area. Terry Keith's Arbeiten bekamen außerdem zahlreiche Auszeichnungen und Stipendien.

Weiters hat Terry Keith die so genannten „Rhythm Blocks" (Rhythmusbausteine) entworfen, die ich auf Seite 18 bereits erklärt habe.

o Seine Fähigkeit, extrem talentierte und vielseitige Künstler zusammenzubringen um zu performen und um neue Projekte/Arbeiten durchzuführen, hat er in seinen **Projekten** bewiesen:

- o   <u>Projekte von Terry Keith</u>

  - • „<u>Professor Terry's Circus Band Extraordinàire</u>" entstand durch die Zusammenarbeit mit Linda Tillery und den besten Jazzmusikern der Bay Area auf Fagott, Violine, Akkordeon, Banjo, Bass, Schlagzeug und Gesang. *(vgl. http://www.crosspulse.com/aboutkt.html)*

  - • „<u>Sound Encounters</u>": In einer vielfältigen, aber zusammenhängenden Welt ist die Kommunikation und Zusammenarbeit über kulturelle Branchen wichtig für die Gesundheit und die Produktivität der Organisation. Das Projekt „Sound Encounters" bietet konkrete Erfahrungen in der Art und Weise, wie sich Kulturen vermischen, indem es ihren Kunden das zeigt, wie sie auf höheren Ebenen innerhalb und außerhalb der Einrichtung bzw. ihres Unternehmens mit anderen Kunden und Partnern arbeiten können. Kenneth Hawkins und Terry Keith bringen in jede Sitzung ihre Erfahrung mit Musik und Bewegung ein. Durch gezielte Aktivitäten schärfen die Kunden dadurch die Feinabstimmung ihrer Sinne. Die Teilnehmer verkörpern die Lektionen, durch die man effizient und effektiv mit jedem kommunizieren kann. „Sound Encouters" ist vor allem für jene Unternehmen ideal, die gerade umstrukturieren, neu strukturieren, neue Mitarbeiter einstellen oder ihr Führungsverhalten fördern wollen. „Sound Encounters" zeigt den Teilnehmern individuelle und kulturelle Erwartungen und ermöglicht ihnen, sich über sich hinaus zu bewegen und die Interaktion sowie die Produktivität in der Gruppe zu fördern. „Sound Encounters" ist vor allem für Manager, Teamleiter, Moderatoren, Lehrer, Mitarbeiter, Trainer und Schüler, die ihre Leistung im kulturell-vielfältigen Team verbessern möchten. Bei einem solchen Seminar werden vor allem Aktivitäten wie Gehörtraining/bildung, Rhyhmische Übungen mit Body Music, Führungsverhalten, Menschenkenntnis, usw. angeboten. *(vgl. http://www.crosspulse.com/sound.html)*

  - • „<u>Slammin'</u>" ist eine neue Band von Terry Keith mit vier a cappella Sängern, Body Music und Beatboxing.

- Das „Crosspulse Percussion Ensemble"
  (vgl. http://www.crosspulse.com/aboutkt.html)

- „Corposonic": Dies ist ein Body Music Ensemble. Von der Stimme bis zu den Füßen, der klangliche und physische Bereich des Körpers wird als Instrument benutzt. Corposonic macht Musik, die man hören kann und Tanz, den man sehen kann. Diese Stücke beinhalten verschiedene Taktarten und enge rhythmische Sequenzen in verschiedenen Choreographien. Der a cappella Gesang und das Beatboxing verstärken die Rhythmen. Corposonic ist ein Grundstein des Internationalen Body Music Festivals in San Francisco, Brasilien und der Türkei.
  (vgl. http://www.crosspulse.com/corposonic.html)

- „Body Tjak"
  Terry Keith zieht durch seine Kooperationen mit verschiedenen Gruppen eine Menge Aufmerksamkeit auf sich, unter anderem durch die Gruppe bzw. das Projekt „BODY Tjak": Diese Body Tjak Projekte sind dynamisch, übergreifen verschiedene Richtungen und sind interkulturelle Performances, die durch eine gute Zusammenarbeit von Keith Terry und dem balinesischen Künstler I Wayan Dibia im Jahr 1990 entstanden sind. Diese Gruppe besteht aus 12 amerikanischen und 12 balinesischen Mitwirkenden. Die Kombination von Ost und West, Nord und Süd, ob traditionell oder aktuell, Body Tjak verwendet all den Nutzen unseres künstlerischen Körpers durch Bewegung, Tanz, Rhythmus, Klang und Stimme. Das Body Tjak Projekt ist ein andauerndes, langfristiges Projekt, das von Crosspulse, einer Organisation für Kunst und Musik, produziert wurde. 1980 begannen Terry Keith und I Wayan Dibia eine moderne Form zu entwickeln, die Bodypercussion, Bodymusic und „kecak" (balinesischer Tanz) zusammenfasst. Bodymusic erforscht Rhythmen, während mit dem Körper verschiedene Klänge durch Händeklatschen- und reiben, Schnipsen, Stampfen, Singen, usw. erzeugt werden. Terry Keith und I Wayan Dibia verbinden Bodymusic und „kecak" nach ihren Vorstellungen, kombinieren und weiten die traditionellen Formen aus, sodass neue, künstlerische Ausdrucksformen entstehen, die das ästhetische Empfinden ausprägen. Dies ist die Grundlage für ihre Arbeit, die in ihrem vollsten

Ausdruck perkussive und melodische Instrumente, Schattentheater, Masken, Tanz und vieles mehr enthalten.

Das Projekt Body Tjak machte auch eine Performance-Video- und Soundtrack-Aufnahme. Das Video gewann sogar beim Filmfestival 2002 den Best of Festival-Music Award.

1998/99 wurde Body Tjak/The celebration geschaffen, welches auch als Videoprojekt in den Vereinigten Staaten und Bali durchgeführt wurde. Die Besetzung enthielt wieder zwölf Musiker und Tänzer, welche Body Musik, kecak, rhythmischen Tanz, Trommeln, Flöten, Gongs, Streicher, Bambus, Wasser und Stimme kombinierten.

2002 gab es wieder ein neues Projekt - Body Tjak/Los Angeles: Diese interkulturelle Produktion fand an der Universität von Kalifornien in Los Angeles statt. Dieses Projekt wurde von Departments of World Arts and Cultures (WAC) in Zusammenarbeit mit Crosspulse produziert. Neben Body Musik und kecak gab es auch Percussioninstrumente aus Metall, Gongs, Boom Whackers und Stepptanz. Die Produktion wurde im Mai 2002 im Amphitheater der Universität und später am Santa Monica Festival vorgeführt. Diesmal jedoch mit einer Besetzung von 100 Leuten.

BODY TJAK 13 – die Premiere einer neuen Zusammenarbeit zwischen Corposonic, Barbatuques und Cudamani findet im November 2013 auf dem 6. Internationalen Body Music Festival statt.

(vgl. http://www.crosspulse.com/bodytjak.html)

- "Rhythm of Math": Dies ist eine Unterrichtseinheit für die Schulstufen 1 bis 5, die von Body Musikern, Guggenheim Fellow, Crosspulse Artistic Director Keith Terry und der Volksschullehrerin Linda Akiyama entwickelt wurde. Es ist ein Mathematik-Programm mit integrierter Musik und verwendet Keith Terrys Rhythm-Blocks, um mathematische Konzepte und Fertigkeiten zu vermitteln. Die Schüler beschäftigen sich mit mathematischen Begriffen und lernen diese, während sie dazu Rhythmen performen bzw. komponieren. Die Rhythm-Blocks sind leicht zu lernen, auch für Schüler und Lehrer, die bis jetzt keine Erfahrungen im Bereich Musik gemacht haben. Sie haben bestimmte, mathematische Qualitäten, die sich ideal zum Lernen der Eigenschaften von natürlichen Zahlen anbieten. Außerdem sind es flexible Möglichkeiten für das

Begreifen und Erfassen der Multiplikation, der Bruchrechnung, der Division, der Verhältnisse, der Proportionen und der Maße.

In Oakland wurde vor kurzem das Hauptprogramm in öffentlichen Schulen durchgeführt bzw. abgeschlossen und Crosspulse arbeitet dazu auch an einem Buch und einer DVD, die Anfang 2013 erscheinen soll. In den „Rhythm of Math"-Einheiten motivieren die Freude und die Herausforderung des Spiels und das Erstellen von Rhythmen zum Lernen von mathematischen Konzepten, während nebenbei auch eine Vielfalt musikalischer Strukturen vermittelt wird. Mathematik wird dann ein kreatives Werkzeug, das die Schüler zum Komponieren ihrer eigenen rhythmischen Musik verwenden. Für das Komponieren und Notieren von Rhythmen Mathematik zu verwenden, zeigt Schülern, wie mathematische Begriffe im realen Leben eingesetzt werden können und die Schüler erhalten dadurch die Möglichkeit, Probleme kreativ durch Mathematik zu lösen. Das Erklären von mathematischen Begriffen durch Rhythmus beschäftigt sich jedoch nicht nur mit der Bewegung, sondern auch mit dem Tast-, Hör- und Sehsinn. Schüler hören und fühlen die unterschiedlichen Strukturen der Musik, ob oder wie viele Töne addiert, multipliziert oder dividiert werden.

(vgl. http://www.crosspulse.com/rhythm-of-math.html)

6.2 Doug Goodkin

Doug Goodkin ist am meisten für seine Arbeit als Musikpädagoge und insbesondere als Befürworter des Orff-Schulwerks bekannt. Dies ist ein dynamisches Konzept für Musikerziehung, das von dem Komponisten Carl Orff und seinem Kollegen Gunild Keetman entwickelt wurde. Die Arbeit mit Vorschulkindern, Grundschulkindern, Mittelschulkindern, Studenten und Erwachsenen gab ihm einen Einblick in die besonderen Bedürfnisse der einzelnen Altersstufen und in die allgemeinen Bedürfnisse aller Altersgruppen. Reisen und Lehren auf der ganzen Welt haben ihm geholfen, die Unterschiede der Kulturen kennen zu lernen, und er war von allen überzeugt. Seine drei Jahrzehnte Arbeit in einer Schule gaben ihm die Möglichkeit, eine Gemeinschaft zu gestalten, die die höheren Impulse von Kindern und Erwachsenen gleichermaßen inspiriert. Als erfahrener Lehrer, ewiger Student, begeisterter Leser, fruchtbarer Schriftsteller, Performer, Musiker, Jazz-Liebhaber,

Klavierspieler und Weltreisender verbindet er seine verschiedenen Arbeiten und Interessen auch mit der Gemeinschaft.

Doug Goodkin ist derzeit das 38. Jahr an der San Francisco School, auf der er Musik und Bewegung für Kinder ab drei Jahren bis zur achten Klasse unterrichtet. Er gibt außerdem regelmäßig Workshops für Orff Kapitel in den USA und Kanada, sowie Präsentationen bei staatlichen und nationalen Konferenzen.

Er ist ein international anerkannter Orff Schulwerk Lehrer und gibt Kurse in *Europa* (Österreich, Deutschland, Kanarische Inseln, Tschechische Republik, Dänemark, England, Estland, Frankreich, Finnland, Norwegen, Niederlande, Griechenland, Island, Italien, Polen, Portugal, Russland, Schottland, Spanien, Schweden und Türkei), *Asien* (China, Japan, Hong Kong, Indonesien, Korea, Malaysia, Singapur, Taiwan, Thailand, Vietnam), *Australien* (Sydney, Adelaide, Perth, Brisbane, Melbourne), Neuseeland, Südafrika, Argentinien, Brasilien und Kolumbien.

Außerdem ist er Direktor des *San Franciso Orff Certification Course* und gibt seine eigenen Kurse über Jazz und das Orff Schulwerk in San Francisco. Für seine Verdienste erhielt er im Juli 2010 den aufstrebenden „Pro Merito- Preis".

Doug Goodkin ist zudem Autor von acht Büchern über musikalische Erziehung:

- *A Rhyme in Time*
- *Name Games*
- *Sound Ideas*
- *Play,Sing and Dance: Eine Einführung in das Orff-Schulwerk*
- *Now's the Time: Jazz für alle Altersgruppen*
- *Nursery Rhymes for Body, Voice and Orff Ensemble*
- *The ABCs of Education*
- *All Blues: Jazz für das Orff-Ensemble*

Er ist ebenfalls Autor der McMillan/McGraw-Hill Lehrbuchserie. Außerdem schrieb er zahlreiche Artikel über das Orff-Schulwerk in der zeitgenössischen Kultur, die in einigen Magazinen bzw. Zeitungen erschienen sind.

Doug Goodkin ist auch ein Gründungsmitglied der Xephyr, einer auf Orff basierten, leistungsorientierten Gruppe. Diese Gruppe trat bereits im Internationalen Symposium in Salzburg (1995, 2000,2006), bei der Jahresfeier des Orff in St. Paul, Minnesota (1995), bei der AOSA Nationalkonferenz in Dallas (1995), in Long Beach (2004), in Seattle (1997) und in Phoenix (1999) auf. Außerdem konnte man sie auf mehreren unabhängig produzierten Konzerten in San Francisco hören. Ensembles von Schülern in San Franciso traten unter seiner Leitung auf folgenden Events auf:

- San Francisco World Music Festival: 2009, 2010, 2011
- International Body Music Festival: 2009, 2011
- Orff Symposium Salzburg: 2011
- AOSA Nationalkonferenzen: 1991, 2002, 2004, 2007

Doug ist besonders für seine innovativen Ideen bezüglich einer zeitgemäßen Umsetzung des Orff-Schulwerks bekannt, die das Einbeziehen von Jazz sowie Musik aus allen Kulturen mit einschließen. Orffs grundlegende Ideen der Musik- und Bewegungserziehung verbindet er mit zeitgemäßen Strömungen der Erziehung, interkultureller Erziehung und dem individuellen Potenzial.
(vgl. http://www.douggoodkin.com/AboutDougGoodkin/index.shtml)

6.3 Gerhard Reiter

Gerhard Reiter wurde in Österreich geboren und ist heute erfolgreicher Perkussionist und Komponist. Begonnen hat alles in seinen jungen Jahren, als er anfing, Blockflöte zu spielen. Diese ersten Jahre der intensiven Beschäftigung mit Musik haben ihn derart geprägt, dass es sicherlich kein Zufall ist, dass er heute mit einer Blockflötistin verheiratet ist. Nach vier Jahren des Blockflötenspielens durfte er endlich Klavier lernen. Das war genau das, was er wollte und schon bald begann er Konzerte zu spielen. Diese spielte er im Rahmen einer Musikschule, in der er einen Lernplatz zur Verfügung gestellt bekam. Schon bald wurde die Musik ernsthafter betrieben und die Konzerttätigkeit häufte sich. Außerdem begann er, Keybord zu spielen und gründete zusammen mit Johnny M. Bertl die Rockband „Top Secret". Kurz nach seiner Matura kam es zu einer schicksalsschweren Begegnung. Er war auf einem Festival, bei dem ein Musiker eine indische Tabla spielte. Mit seinen 18 Jahren war er völlig fasziniert. Er wollte auch wissen, wo er das lernen könnte und die Antwort war: „Da musst du schon nach Indien fahren!" Somit war die Entscheidung sofort getroffen. Noch am selben Tag teilte er seinen Eltern mit, dass er nach Indien möchte und der er auch trampen würde, da er kein Geld hatte. Er wollte zuerst mit einem Gastarbeiterbus bis Istanbul und sich dann über Afghanistan, Persien und Pakistan nach Indien durchschlagen. Als seine Eltern jedoch erkannten, dass sie ihn von dieser Idee nicht abbringen konnten, bezahlten sie ihm einen Flug. Damit begann für ihn ein völlig neues Leben. Seine erste Indienreise war sicherlich ein Umbruch in seinem Leben, heraus aus der bürgerlichen Atmosphäre und hinein ins neue Leben. Da er es in New Delhi nicht besonders toll fand, reiste er weiter in die Musikstadt Benares. Hier fand er seinen ersten Lehrer, von dem er jedoch auch nicht überzeugt war und somit reiste er weiter nach Bombay, wo er endlich einen kompetenten Lehrer, Nikhil Ghosh, fand. Die darauf folgenden Monate und auch Jahre reist er immer wieder zu Nikhil Ghosh, dem er sehr viel verdankt. Parallel zu seinen Indienreisen begann er an der UNI Wien Musikwissenschaft, Indologie, Völkerkunde und Romanistik zu studieren, denn diese Richtungen interessierten ihn am meisten. Eines Tages zeigte ihm ein Professor der Musikwissenschaft arabische Vasentrommeln, da dieser wusste, dass sich Gerhard Reiter bereits mit Trommeln beschäftigte. Er zeigte ihm auch einen Film mit Darabukkas und plötzlich hielt er soviel von diesen Trommeln, dass er seine Flugrichtung änderte und in Ägypten sein Glück suchte. Während dieser eifrigen Studienjahre begann er, als Perkussionist und Komponist von Theatermusik zu arbeiten. Er gründete mit Alex Mühlbacher, einem Freund und dem Besitzer des Pro Percussion Center, die Zeitschrift „Drums & Percussion" und kam so, durch seine Interviews, auch mit lateinamerikanischer Musik in Kontakt und somit änderte sich sein Reiseziel ein weiteres Mal und letztendlich landete er in Cuba.

(vgl. http://www.gerhardreiter.at/biografie_werdegang/)

o   Projekte von Gerhard Reiter
    Ab 1982 gab es zahlreiche Projekte, die von Gerhard Reiter initiiert bzw. durchgeführt wurden.

- Muchadoo: Dies war sein erstes eigenes Bandprojekt. Die Idee dahinter war, Musiker verschiedener Nationen zusammen zu bringen und ein musikalisches Percussionensemble zu entwerfen. Offensichtlich ist dies auch recht gut gelungen, da die Band sehr gute Rückmeldungen bekam.

- „Sheich Masmudi": Ungefähr fünf Jahre später gründete er dann das Ensemble „Sheich Masmudi" mit Musikern aus Syrien, der Türkei, dem Irak und der Tänzerin „Dalya Rami" aus Marokko. Dieses Projekt funktionierte jedoch nicht so, wie er es sich vorstellte, denn es verschob sich und kam nicht recht vom Fleck, was womöglich an der Kombination der „arabischen

Brüder" unter der Leitung eines österreichischen Percussionisten lag. Aus diesem Grund verabschiedete er sich auch bald von seinen Kollegen und versuchte, die die Band neu aufzubauen. Die Tänzerin nahm er mit und als Musiker bildete er zwei seiner damaligen Schüler aus, um als Percussion-Trio aufzutreten. Beide sind heute aus der österreichischen Percussionszene nicht mehr wegzudenken: Herwig Stieger und Gerhard Kero.

- „Ziryab": Dieses Projekt wurde nach einem irakischen Musiker des 9. Jahrhunderts benannt. Gerhard Reiter gründete es zusammen mit dem tunesischen Sänger „Dhafer Youssef" und dem österreichischen Keyboarder „Wolfgang Seligo". Kurze Zeit nach der Gründung suchten sie als Erweiterung des Ensembles Bläser und Streicher und nahmen in dieser großen Besetzung „live" die CD „Tarik" in Wien auf. In den nächsten Jahren spielten sie national und international viele große Shows und Konzerte, unter anderem auch als Begleitband für viele internationale Tanzstars.

Es fanden jedoch nicht nur Bandprojekte statt, denn es kam zu einer immer größer werdenden Zuwendung zum Unterricht und der Methodik und Didaktik des Unterrichts. Gerhard Reiter wurde immer mehr bewusst, dass die Ausländerfeindlichkeit in Österreich, speziell in Wien, sehr massiv war. Da er durch seine Arbeit als Percussionist mit Schwerpunkt außereuropäische Musik sehr viel mit ausländischen Musikern zu tun hatte, fand er heraus, dass nicht alle Menschen aus anderen Ländern gleich und nicht alle schlecht sind. Dadurch konnte er auch sehen, dass eine Feindlichkeit vor allem durch Angst entsteht, und diese Angst in erster Linie durch Unwissen und Unverständnis einer fremden Mentalität entsteht. Dieses Wissen führte ihn zum Start von weiteren Projekten:

- „Beatfactory": Als Gerhard Reiter in Wien ein leer stehendes Kellerlokal fand, wusste er sofort, dass er dieses zu Percussion-Unterrichtsräumen umbauen wollte. Da ihm dieses Projekt alleine jedoch zu groß bzw. zu teuer war, nahm er seinen damaligen Schüler Gerhard Kero dazu. Gemeinsam erbauten sie die erste Percussionschule in Wien bzw. in Österreich auf, die lange Zeit als „Neubaugasse" bekannt war, heute jedoch unter dem Namen „Beatfactory". In dieser „Beatfactory" unterrichteten sie viele Percussion-Instrumente wie z.B. Congas, Djembe, Darabukka,... Viele österreichische Percussionisten, die heute in Bands spielen, nahmen bei ihnen Unterricht.

- „Pan Arts International": ist ein Verein, der 1993 von Gerhard Reiter gegründet wurde. Wie bereits der Titel verrät, sollen in diesem Verein alle möglichen Künste auf internationalem Niveau zur Geltung kommen. Das Ziel des Vereins war die Information über verschiedene Kulturen weltweit. Dadurch soll nicht nur Erfahrung gewonnen, sondern auch die Ausländerfeindlichkeit etwas gemildert werden. Der Verein führte unterschiedliche Projekte durch, unter anderem war eines davon, internationale Top-Musiker für Konzerte und Workshops in Österreich zu finden und zu holen. Mit „Norbert Eckermann", dem Erzeuger von wunderbaren Rahmentrommeln (Eckermann Drums) fand er einen passenden Partner für diesen Plan. Gemeinsam organisierten sie zahlreiche Veranstaltungen mit Musikern wie „Glen Velez" (USA), „Hossam Ramzy" (Ägypten/England), „Mel Mercier" (Irland), „Michael Metzler" (BRD), „Jarrod Cagwin" (USA) und „Carlo Rizzo" (Italien).

- „TimeLine International Music School": Da der Unterricht in der „Beatfactory" bei Kongressen, Musiklehrer-Fortbildungen, usw.. immer mehr wurde, war Gerhard Reiter es bald Leid, sich immer auf jede Stunde bzw. auf jeden Vortrag vorbereiten zu müssen. Deshalb begann er, seinen Unterricht zu systematisieren, wichtige Abläufe zu analysieren und Erfordernisse für einen funktionierenden Unterricht aufzubauen. Er beschäftige sich dadurch mit der Methodik und Didaktik des Unterrichtes, um seine Erfahrungen beim Unterricht auszuwerten. Dadurch entstanden inzwischen ca. 2000 geschriebene und noch nicht veröffentlichte Seiten über Unterricht und dessen Aufbereitung, von ihm „TimeLine International Music School" genannt. Es handelt sich daher nicht wirklich um den Ort einer Schule, sondern eher um ein Unterrichtssystem. 1994 bekam er durch „Gerhard Jessl", den Chef des „Drumhouse" in Gmunden die Gelegenheit, sein System in die Praxis umzusetzen, indem ihm Gerhard Jessl Unterrichtsräume in seinem Geschäft anbot. So konnte er sein System jahrelang testen.

- „Pan Arts Publications": Die Gründung dieses Verlages war eine Folge der „TimeLine-Schule", da er seine Arbeit jetzt auch veröffentlichen wollte. Zwei kleine Bände mit Percussionarrangements konnte er auch durchführen und zahlreiche weitere waren schon in Planung, als ihm jedoch private Schwierigkeiten einen Strich durch die Rechnung machten. Deshalb musste er seit 2000 den Verlag, den Verein und das Schulprojekt hinten anstellen, es leben jedoch noch alle drei.

6.4 Richard Filz

Richard Filz wurde in ebenfalls in Österreich geboren und ist bekannter Schlagzeuger, Vocal Percussionist, Pädagoge und Autor. Er nimmt bereits seit seinem 7. Lebensjahr Unterricht an der Josef Matthias Hauer Musikschule in Wr. Neustadt und lernt(e) dort Blockflöte, Trompete und Tuba. Im Alter von 13 Jahren nahm er den ersten Schlagzeugunterricht. Bereits zwei Wochen, nachdem Richard Filz sein erstes Schlagzeug bekam, spielte er in seiner ersten Band und kurze Zeit später fanden auch schon die ersten Auftritte statt, wobei sie Musik zwischen Hard Rock und Tanzmusik spielten. Seine musikalischen Interessen entwickelten sich jedoch weiter und so spielte er mit 17 erstmals Jazz mit dem „Swingin' Bossa Quartett".

Nachdem er die Matura 1985 absolvierte, studierte er Drumset – und Latin Percussion an der Musikhochschule Wien. Im Herbst 1987 wechselte er dann jedoch zum Konservatorium der Stadt Wien. 1991 schloss er das Jazzschlagzeug Studium mit Auszeichnung ab und erhielt das staatliche Diplom. 2008 holte er sein Schlagzeug Masterstudium nach und 2012 schloss er ein Doktoratsstudium mit dem akademischen Grad „Doctor of Philosophy" ab.

Nach der Matura erhielt er ebenfalls seinen ersten professionellen Job bei der Militärmusik Eisenstadt. Den Höhepunkt und gleichzeitig den Abschluss seiner Blasmusik-Karriere gestaltete eine Japantournee mit der Jugendblaskapelle der Musikschule Wr. Neustadt. Während seiner Studienzeit ergab es sich dann, dass er in 15 Bands gleichzeitig spielte. Diese musikalische Vielseitigkeit bleibt bis heute sein Markenzeichen. Auch internationale Tourneen und Fernsehauftritte bestreitet Richard Filz erstmals mit dem Comedyquartett „Tietzes". Dieses Quartett trat in zahlreichen Fernsehshows auf, wirkt in 10 Folgen der ORF Produktion „Comedy Express" mit und begleitet alle namhaften österreichischen Kabarettisten.

Richard Filz hatte auch das Glück, bei einer der letzten großen Big Bands Österreichs, dem „Austrian Jazz Orchester", von Beginn an, dabei sein zu dürfen. Diese Band spielt auf allen wichtigen Jazz Festivals und Veranstaltungsorten Österreichs. Zwei CD Aufnahmen und zahlreiche Fernsehauftritte dokumentieren die einzigartige Arbeit dieser Band. Als „working drummer" lernte er auch die Orchestergräben sämtlicher Musical- und Theaterbühnen kennen.

Das musikalische Spektrum von ihm hat sich in den vergangenen Jahren von allen Kategorien der Popularmusik auf die zeitgenössische Moderne ausgedehnt, wobei er immer öfter auch als Vocal- und Body Percussionist und als Solist in Erscheinung tritt.

Auch seine pädagogische Tätigkeit kommt nicht zu kurz. Bereits während der Studienzeit half er an einigen Musikschulen aus und unterrichtete. 1992 erhielt er eine fixe Anstellung an der Musikschule Lichtenwörth, wo er den Schlagzeugschülerstand von 3 auf 15 erhöhte. Einige Jahre später wird er im Konservatorium angestellt, wo er seitdem Schlagzeug-Studenten ausbildet. Die Nebenfächer Jazzrhythmik, Percussion Ensemble und Didaktik werden ebenfalls von Richard Filz unterrichtet. Außerdem leitet er Percussion, Rhythm Coaching und Schlagzeug Workshops.

(vgl. http://www.filz.at/biografie.php?g)

o   Projekte von Richard Filz

- Die Dorftrommler: Ungewöhnliche, selbst gebaute Instrumente, brillantes, virtuoses Trommelspiel, schneidig-schnittiger Sprech- und Singgesang und jede Menge Lebensfreude sind die Markenzeichen der „Dorftrommler". Bei der Eröffnung des Waldviertelfestivals 2001 wurden die Dorftrommler von Richard Filz formiert und seitdem trommeln die 5 Profidrummer auf Schlaginstrumenten, orientalischen Trommeln, Küchenreiben, Kochtöpfen und mit allem, was sich sonst noch mit speziellen Trommeltragegerüsten transportieren lässt. Sie sind mobil und nutzen dies für witzige, überraschende Choreographien. Sie sind vor allem auf den Straßen unterwegs, sorgen aber auch für Stimmung bei Firmenfeiern und Events, verkünden die aktuellsten

Neuigkeiten und begeistern mit Spezialprogrammen in Konzertsälen. 2003 wurde das Programm „Freiraum" verwirklicht, das von „Musik aktuell" unterstützt wurde. Daraufhin wurde der ORF auf die Dorftrommler aufmerksam und engagiert sie für Galas wie „Top Spot" und „Cannes Rolle". 2005 fand die Premiere des ersten Bühnenprogramms für Kinder mit dem Titel „Bio Rhythmus" statt. Mit dabei war der Gastmoderator und Kinderkonzertprofi Marko Simsa. Kurze Zeit später hatte auch das erste Bühnenprogramm für Erwachsene, „Kopfsalat", Premiere. *(vgl. http://www.dorftrommler.at/)*

- Rhythm Xing (sprich: rhythm crossing) ist eine energiegeladene, interaktive Rhythmusperformance, bei der 5 Musiker aus 4 Kontinenten aufeinander treffen und mit kontrastierenden Backgrounds ihre einschlägigen Erfahrungen, Kompositionen, Improvisationen und individuellen Klangwelten ins Spiel bringen. Das Ergebnis ist dabei ein eigenständiger, kraftvoller Mix aus Percussion und Stimme, der das Publikum zum Mitmachen anregt. *(vgl. http://www.rhythmxing.com/band.php)*

- „Acoustic Instinct": ist ein Freiburger a cappella Trio, dass das Publikum mit Beatboxing, groovigem mehrstimmigem Gesang, Rap, experimentellen Stimmgeräuschen und Show- bzw. Slapstickeinlagen begeistern. Richard Filz hat das Trio au einer seiner Tourneen in Deutschland entdeckt und sofort zu einer gemeinsamen Vocal Percussion DVD Produktion angehalten. Da die Zusammenarbeit so gut funktioniert hat, möchten sie dem Publikum nun gemeinsam Beatboxing und die abwechslungsreichen Klangmöglichkeiten der Stimme und des Körpers in einer interaktiven Konzertumgebung zeigen. Dabei wird das Publikum auch immer zum Mitmachen animiert und eingeladen, Teil einer Geräusch-, Groove- und Klanglandschaft zu werden. *(vgl. http://www.filz.at/soloprojekte.php?g)*

- ur:laut: ist ein Soloprojekt von Richard Filz. Dabei ist „Rhythm is it!" die eindeutige Botschaft des interaktiven Soloprogramms. Er imitiert dabei mit der Stimme das Schlagzeug und bespielt seinen Körper als multifunktionales Percussioninstrument. Richard Filz gilt als rhythmisches Chamäleon und ist dabei ganz in seinem Element. Bisher hat er ja „nur" bei unterschiedlichen Bands, Ensembles und Orchestern den Beat angegeben, doch bei seinem ersten Soloprogramm kann er auch seine Qualitäten als Solist und Entertainer ausleben. Er wird auch immer dafür sorgen, dass das Publikum rhythmisch gefordert wird.

(vgl. http://www.filz.at/rfacousticinstinct.php?g)

7 Notation der Bodypercussion

Für Bodypercussion ist eigentlich niemals ein geeignetes Notationssystem entwickelt worden. Das liegt überwiegend daran, dass die Klänge, die durch Percussioninstrumente erzeugt werden, so vielfältig sind, dass sie kaum alle in Notensymbole verwandelt werden können. Einige Kulturen verwenden die „Silbennotation", womit sie rhythmische Abläufe sprechen, anstatt sie aufzuschreiben. Gerhard Reiter hat versucht, ein leicht verständliches Notationssystem zu konzipieren. Dabei haben sowohl Silben als auch Symbole (Kästchen) als Grundannahme den Wert einer Achtelnote. Demzufolge entsprechen 8 Kästchen bzw. Silben einem 4/4-Takt. Sechzehntelnoten werden gebildet, indem Silben verdoppelt werden oder zwei Symbole in ein Kästchen geschrieben werden.

Die wichtigsten Silben, die verwendet werden, sind DUN, TAK und TIK.

DUN = tiefer Klang

TAK = mittlerer Klang oder keine besondere Tonhöhe

TIK = hoher Klang

Bei der Notation werden alle Silben in ein Kästchen geschrieben und dort, wo nichts (Pause) ist, wird es freigelassen.

Zum Beispiel:

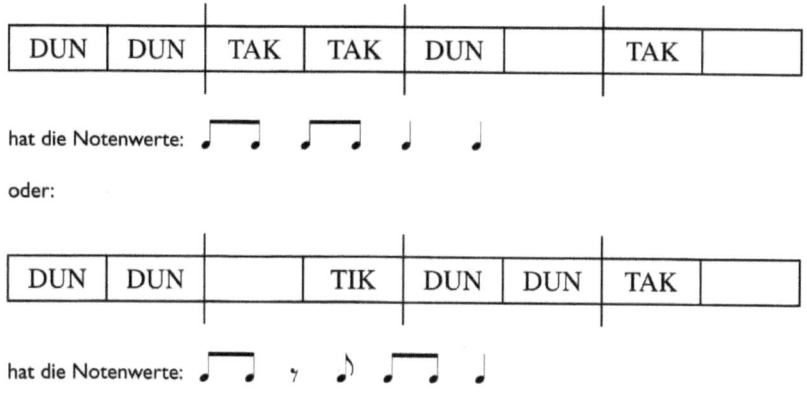

(Quelle: *vgl. Reiter 1998, 11f)*)

Sollen Akzente schneller erfolgen, werden die Silben leicht verändert:

DUN DUN wird zu: DUDU oder DURU

TAK TAK wird zu: TAKA

TIK TIK wird zu: TIKI

Bei diesem Notationssystem kann man beispielsweise bei DUN stampfen, bei TAK klatschen und bei TIK schnipsen. *(vgl. Reiter 1998, 11f)*

Richard Filz hingegen hat sein eigenes Notensystem für Bodypercussion entwickelt, indem er jedem Klang eine andere Note bzw. ein anderes Symbol zugeordnet hat. (vgl. Filz 2011, 6f)

Literaturverzeichnis:

- Zimmermann, Jürgen: Juba. Die Welt der Körperperkussion. 2.Auflage – Boppard am Rhein: Fidula, 2000

- Filz, Richard: Rhythmus für Kids 2. – Wien: Universal Edition, 2010

- Reiter, Gerhard: Body Percussion 1. Rum/Innsbruck: Helbling, 1998

- Görlich, Berit: Mein Körper ist mein Instrument. Online im Internet: URL: http://www.kita-bildungsserver.de/downloads/download-starten/?did=43, 22.08.2003

- Goodkin, Doug: About Doug Goodkin. Online im Internet: URL: http://www.douggoodkin.com/AboutDougGoodkin/index.shtml, 2013

- Crosspulse: Keith Terry. Online im Internet: URL: http://www.crosspulse.com/aboutkt.html, 2012

- Crosspulse: Body Tjak. Online im Internet: URL: http://www.crosspulse.com/bodytjak.html, 2012

- Crosspulse: Corposonic. Online im Internet: URL: http://www.crosspulse.com/corposonic.html, 2012

- Crosspulse: Educational Program: Rhythm of Math. Online im Internet: URL: http://www.crosspulse.com/rhythm-of-math.html, 2012

- Reiter, Gerhard: Biografie – Werdegang. Online im Internet: URL: http://www.gerhardreiter.at/biografie_werdegang/

- Crosspulse: Sound Encounters. Online im Internet: http://www.crosspulse.com/sound.html,

- Reiter, Gerhard: Projekte. Online im Internet: URL: http://www.gerhardreiter.at/biografie_projekte/

- Filz, Richard: Biografie. Online im Internet: URL: http://www.filz.at/biografie.php?g

- Filz, Richard: Die Dorftrommler. Online im Internet: URL: http://www.dorftrommler.at/

- Filz, Richard: Rhythm Xing. Online im Internet: URL: http://www.rhythmxing.com/

- Filz, Richard: Acoustic Instinct. Online im Internet: URL: http://www.filz.at/rfacousticinstinct.php?g

- Filz, Richard: Soloprojekt ur:laut. Online im Internet: URL: http://www.filz.at/soloprojekte.php?g

- Filz, Richard: Body Percussion. Sounds and Rhythms. Deutschland: Alfred Music Publishing, 2011.